SIMONE PHILIPP

Haare färben
mit Stoffen aus der Natur

INHALT

EINE BUNTE VIELFALT AUS DER NATUR

Schon seit einigen tausend Jahren haben Menschen in Orient und Okzident Rezepte entwickelt, um ihre Haare zu pflegen, aber auch, um ihre Haarfarbe zu verändern. Das Haar eines Menschen, seine Farbe, aber auch seine Fülle und sein Glanz waren schon immer ein Zeichen für Gesundheit, Vitalität, Schönheit und Verführungskraft. Besonders die Haarfarben Schwarz und Blond waren durch die Jahrhunderte hindurch in Europa immer wieder beliebt. Um schönes Haar zu bekommen und dieses zu erhalten, haben Menschen sehr viel Zeit investiert und vieles ausprobiert. Immer wieder haben sie dabei auch auf Stoffe aus der Natur, auf färbende Blätter oder Wurzeln von Pflanzen oder auch auf tierische Produkte, zurückgegriffen.

Im Laufe der Jahrhunderte hat sich eine ganze Reihe an Haarfärberezepten überliefert. Das Ergebnis dieser Mittel und Mischungen unterscheidet sich allerdings deutlich vom Resultat künstlicher oder chemischer Haarfarben. Haarfarben mittels Pflanzenstoffen oder Tierprodukten sind nicht dazu geeignet, eine natürliche Haarfarbe gänzlich zu verändern. Wer blondes Haar hat, kann dieses mit natürlichen Haarfarben nicht in schwarz umfärben, erst recht nicht umgekehrt.

Färbende Mittel aus der Natur legen sich in den meisten Fällen wie eine Schicht um das Haar, sie dringen nicht in das Haar ein. Nur in seltenen Fällen haben sie tatsächlich eine aufhellende, das heißt bleichende Wirkung, wie z.B. Zitronensaft.

Mit Mittel aus der Natur lassen sich Farbreflexe ins Haar zaubern oder die natürliche Farbe des Haares besser zur Geltung bringen. Auch eine Abdeckung von grauem Haar ist möglich. Einige Natur-Haarfarben halten allerdings nicht lange an, manchmal nur bis zur nächsten Haarwäsche. Manche Mittel müssen auch über einen längeren Zeitraum immer wieder ins Haar eingebracht werden, bis sie schließlich das gewünschte Ergebnis erzielen.

HINWEISE ZUR PFLEGE GEFÄRBTER HAARE MIT NATÜRLICHEN MITTELN

Auch wenn färbende Mittel aus der Natur in den meisten Fällen sanfter auf das Haar einwirken als chemische Haarfarben, können sie das Haar dennoch austrocknen. Daher ist es ratsam, gefärbtes Haar immer gut zu pflegen.

Die folgenden Rezepte eignen sich zur Pflege des Haares nach einer Färbung ebenso wie zur regelmäßigen Pflege vor oder nach jeder Haarwäsche.

Je nach Haarlänge aus 1-2 Eigelb und Oliven- oder Kokosöl mit einem kleinen Schneebesen eine schaumige Mischung herstellen. Ins Haar einbringen, verteilen und einige Stunden oder auch über Nacht einwirken lassen.

Wärme ist dabei günstig, daher das Haar mit einem Handtuch bedecken oder in der Sonne oder unter einer Trockenhaube (mit geringer Temperatur) einwirken lassen. Danach mit einem milden Shampoo auswaschen.

Eigelb kann dickes Haar schwerer machen, so dass es dann wie kraftlos herunterhängt. Wenn Sie dickes Haar haben, probieren Sie dieses Rezept zunächst an einer Strähne aus.

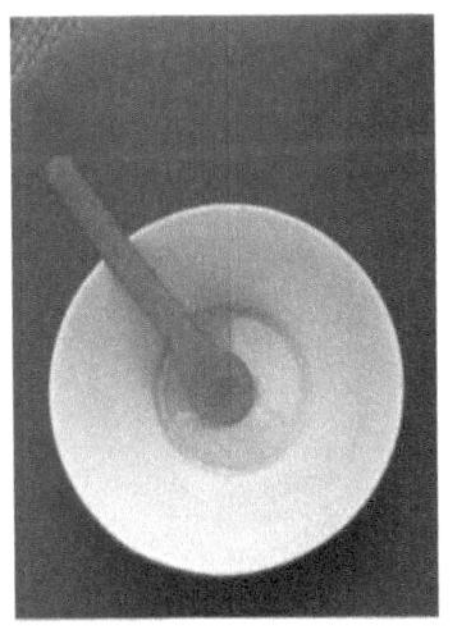

Je nach Haarlänge 1-2 El Honig mit Oliven- oder Kokosöl verquirlen, ins Haar einbringen und ca. 20 Minuten einwirken lassen. Danach gut ausspülen. Honig verleiht dem Haar Feuchtigkeit. Zudem wirkt er leicht festigend, was vor allem bei sehr dünnem Haar hilfreich ist. Honig wirkt darüber hinaus auch gegen Schuppen und lästiges Jucken der Kopfhaut.

Glanzspülung mit Apfelessig

Essig verleiht Haaren einen schönen Glanz. Dafür 1-2 El Essig, am besten natürlichen Apfelessig verwenden, ins letzte Spülwasser geben und nicht mehr auswaschen.

Der leichte Essiggeruch verfliegt beim Trocknen rasch. Essig verleiht dem Haar nicht nur Glanz, er wirkt darüber hinaus auch gegen Schuppen und fettiges Haar.

Natürlicher Haarfestiger mit Bier

Bier und Wasser im Verhältnis 1:2 mischen und als letzte Spülung nach dem Haarewaschen verwenden. Nicht ausspülen, sondern im Haar trocknen lassen. Der Biergeruch verfliegt beim Trocknen rasch.

Bier hat eine festigende Wirkung auf das Haar. Abgesehen von der oben beschriebenen Bierspülung kann Bier auch in eine Sprühflasche gefüllt direkt auf das Haar aufgebracht werden. Immer wieder zwischendurch verwenden, wenn das Haar an Kraft verloren hat.

Brennnesselsamen enthalten sehr viele verschiedene Stoffe, von denen einige auch den Haaren zugutekommen. In früheren Jahrhunderten wurden Brennnesselsamen an Pferde verfüttert, die daraufhin ein schöneres Fell bekamen und höhere Verkaufspreise erzielten.

Für schönes, glänzendes Haar nimmt man täglich 1-2 EL Brennnesselsamen ein. Brennnesselsamen kann man im Handel kaufen oder im Spätsommer/Herbst an weiblichen Pflanzen selbst sammeln. Brennnesselsamen kann man roh, getrocknet oder gerötet einnehmen. Sie passen zu Rohkost, ins Frühstücksmüsli, in einen Salat oder auf ein Butterbrot.

HAARFÄRBEREZEPTE

Im Folgenden sind eine Vielzahl an überlieferten und bewährten Haarfärberezepten mit Stoffen aus der Natur aufgelistet.

Jedes Haar reagiert allerdings anders, daher lässt sich das Ergebnis nicht mit Sicherheit vorhersagen. Aus diesem Grund kann es ratsam sein, das Mittel erst einmal an einer kleinen Strähne auszuprobieren, um das Ergebnis abschätzen zu können. Manches Haar kann Farbe besser aufnehmen, wenn das Haarfärbemittel mit Öl oder Eigelb versetzt ist. Bei anderem Haar dagegen wirken Öl oder Eigelb gänzlich farbabweisend. Probieren Sie aus, was für Ihr Haar am besten geeignet ist.

Die Haarfärberezepte sind nach den Haarfarben Blond, Rot, Braun, Schwarz, Violett sowie Mitteln zur Grauabdeckung sortiert.

BLOND

Blond war bereits im Altertum eine begehrte Haarfarbe. Blond galt in vielen Kulturen als die Haarfarbe der Götter und Göttinnen, was Fresken an Wänden und bemalte Statuen aus Tempeln beweisen. Ägypterinnen, Griechinnen und Römerinnen verwendeten teuren Goldstaub, um ihre Haare optisch aufzuhellen oder ließen sich aus den Haaren blonder Sklavinnen Perücken anfertigen. Darüber hinaus experimentierten sie mit Stoffen aus der Natur wie Birkenasche oder Tierblut ebenso wie mit verschiedenen blond (gelb) färbenden Pflanzen. Auch heute noch gilt Blond als begehrenswerte Haarfarbe, was vermutlich daran liegen dürfte, dass sie weltweit gesehen selten ist. Nur etwa 2% der Menschen haben auch als Erwachsene noch blonde Haare. Viele Leute versuchen, mit natürlichen oder chemischen Mitteln eine blonde Haarfarbe zu erreichen.

Mit Stoffen aus der Natur ist es allerdings schwer, eine blonde Haarfarbe zu erlangen, da nur wenige Mittel tatsächlich eine bleichende Wirkung haben. Wer allerdings bereits helle Haare hat, kann mit den folgenden Rezepten diese Farbe unterstützen oder einen goldenen Schimmer hineinbringen.

Königskerze
(Verbascum thapsiforme)

Die großen gelben Blüten der Königskerze wurden schon in römischer Zeit zum Blondfärben der Haare genutzt.

Sammeln Sie zwei Handvoll Königskerzenblüten bei trockenem Wetter oder verwenden Sie getrocknete Blüten aus der Apotheke. Übergießen Sie die Blüten mit kochendem Wasser und lassen Sie sie 20 Minuten ziehen, danach abseihen. Es entsteht ein Absud von tiefgelber Farbe. Diesen in die Haare einbringen, einwirken lassen und mit Wasser ohne Shampoo ausspülen. Der Absud kann auch im Haar verbleiben.

Bringt goldenen Glanz in helle Haare.

Römische Kamille
(Chamaemelum nobile)

Eine Handvoll Römische Kamillenblüten mit kochendem Wasser übergießen und etwas ziehen lassen. Den Sud zum Spülen verwenden. Nicht aus dem Haar auswaschen und am besten an der Sonne trocknen lassen.

Noch besser wirkt die Färbung allerdings, wenn Sie getrocknete Kamillenblüten mit den Fingern zerbröseln und mit etwas Öl oder Eigelb zu einer Masse anrühren. Diese ins Haar einbringen und etwa 1 Stunde einwirken lassen. Anschließend mit einem milden Shampoo auswaschen.

Verleiht blondem Haar einen goldenen Glanz.

<u>Echte Goldrute</u>
(Solidago virgaurea)

Aus ein bis zwei Handvoll frischen Goldrutenblüten mit kochendem Wasser einen Absud herstellen. Mindestens 30 Minuten ziehen lassen, danach abseihen. Den Absud in die Haare einbringen und nicht auswaschen.

Die Blüten der Echten Goldrute sollten zum Haarefärben immer frisch verwendet werden, daher muss man sie selbst sammeln, was nicht immer einfach ist.

Echte Goldrute verleiht blondem Haar einen goldenen Schimmer.

<u>Safran</u>
(Crocus sativus)

Bei Safran handelt es sich um die Narben einer Krokusart, die in der Herbstzeit violett blüht. Safran gehört zu den teuersten Gewürzen der Welt, da die Narben von Hand von jeder einzelnen Blüte gezupft werden müssen. Safran

enthält Carotinoide, vor allem Crocin, was seine große färbende Wirkung erklärt. Safran wird schon seit vielen Jahrhunderten zum Färben von Gerichten, Stoffen, vor allem
Seide, und auch zum Färben von Haaren verwendet.

Zum Haarefärben eine Prise Safranpulver mit einem halben Liter kochendem Wasser übergießen, 10 Minuten stehen lassen. Nach dem Waschen wird das Haar im Absud
getränkt und dann ohne Auswaschen trocknen gelassen.

Vorsicht: Safran hat eine sehr große Färbekraft, daher die
Kleidung schützen und nur alte Handtücher verwenden.
Safran färbt helles Haar golden.

Kurkuma
(Curcuma longa)

Bei Kurkuma handelt es sich um ein gelbes Pulver, gewonnen aus der Wurzel eines Ingwergewächses. Verantwort-
lich für die färbende Wirkung ist der Stoff Curcumin. Kurkuma wird besonders in asiatischen Ländern zum Färben
von Speisen und Kleidung genutzt. Kurkuma wirkt entzün-

dungshemmend und findet sich daher häufig in Salben zur Wundversorgung. Wenn Haare entsprechend hell sind, kann Kurkuma auch färbend wirken.

Rühren Sie aus Kurkumapulver und Wasser oder Öl eine dicke Paste an. Bringen Sie diese ins Haar ein und lassen Sie sie mindestens 30 Minuten einwirken. Anschließend mit einem milden Shampoo auswaschen.

Vorsicht: Kurkuma hat eine sehr große Färbekraft, daher die Kleidung schützen und nur alte Handtücher verwenden.

Kurkuma färbt blond (nur auf hellem Haar).

Ringelblume
(Calendula officinalis)

Stellen Sie aus den gelben und orangeroten Blüten der Ringelblume mit heißem Wasser einen kräftigen Absud her. Diesen mindestens 30 Minuten ziehen lassen, anschließend abseihen. Danach die Haare darin tränken und ohne Ausspülen trocknen lassen.

Verleiht hellem Haar einen goldenen Schimmer.

<u>Rhabarberwurzel</u>
(Rheum rhabarbarum)

Rhabarberwurzelpulver kann man in der Apotheke kaufen.
Rühren Sie das Pulver, Menge je nach Haarlänge, mit etwas Zitronensaft und/oder Öl ähnlich wie Henna zu einem
dicken Brei an. Diesen ins Haar einbringen und ca. 1 Stunde einwirken lassen. Danach gründlich ausspülen.
Hellt helles Haar auf.

BLEICHENDE MITTEL FÜR BLONDES HAAR

Im Folgenden sind einige Mittel mit aufhellender, das heißt bleichender Wirkung aufgelistet. Wie auch chemische Mittel greifen sie das Haar an und sollten nicht zu oft angewendet werden. Die Mittel wirken nur auf hellem Haar, zum Blondieren von dunklem Haar sind sie nicht geeignet.

Salz

Lösen Sie so viel Salz wie möglich in lauwarmem Wasser. Dieses bringen sie anschließend in die Haare ein und lassen es an der Sonne trocknen.

Salzwasser bleicht die Haare aus, vor allem, wenn es regelmäßig angewendet wird. Vergessen Sie nicht, das Haar nach der Anwendung gut zu pflegen.

Zitrone
(Citrus limon)

Um helle Haare weiter aufzuhellen gibt man Zitronensaft mit Wasser vermischt oder besser noch pur ins Haar. Wärme unterstützt die aufhellende Wirkung. Am besten lassen Sie daher während des Trocknens direkte Sonne auf Ihr Haar einwirken. Der Zitronensaft muss nicht aus dem Haar ausgewaschen werden.

Zitrone hellt blondes Haar auf.

Auch hier gilt: Auf eine gute Pflege nach der Anwendung achten!

Backpulver/Natron

Backpulver oder Natron mit Wasser zu einer dicken Paste anrühren. Diese ins Haar einbringen, in die Sonne setzen und mindestens eine Stunde einwirken lassen. Abschlie-ßend mit einem milden Shampoo oder auch nur mit Was-ser auswaschen.

Hellt blondes Haar auf.

<u>Honig</u>

Honig ist ein mildes Mittel, um blondes Haar noch etwas weiter aufzuhellen. Dazu Honig mit Öl vermischen und ins Haar einbringen. Zumindest 1 Stunde und am besten in der direkten Sonne oder unter eine Trockenhaube (mit geringer Temperatur) einwirken lassen. Danach mit einem milden Shampoo auswaschen.

Im Gegensatz zu den anderen bleichenden Mitteln, die hier aufgeführt sind, spendet Honig dem Haar auch Feuchtigkeit, seine bleichende Wirkung ist allerdings nicht so intensiv.

ROT

Die naturrote Haarfarbe kommt weltweit von allen Haarfarben am seltensten vor. Nur etwa 1% der Weltbevölkerung hat naturrotes Haar. Über die Jahrhunderte hindurch waren rote Haare gefürchtet oder wurden sogar mit dem Teufel oder Dämonen in Verbindung gebracht, so dass Menschen mit rotem Haar oft vielen Benachteiligungen ausgesetzt waren. Vereinzelt kommen auch heute noch Übergriffe auf Menschen mit rotem Haar vor. Im Lauf der Zeit hat aber auch ein Selbstermächtigungsprozess unter Menschen mit naturrotem Haar stattgefunden und rote Haare gelten nun als etwas Besonderes.

Mittlerweile gehört Rot zu den häufigsten und auch begehrtesten Haarfarben. Kaum je allerdings soll (und kann auch nicht) damit ein natürliches Rot erzeugt werden.

Chemische Haarfarben erzeugen häufig ein knalliges Rot, vor allem auf zuvor gebleichtem Haar. Natürliche Haarfarben hingegen bringen einen Rotstich ins Haar oder zaubern rötliche Reflexe hinein. Bereits ergrautes oder weißes Haar allerdings kann auch durch natürliche Haarfarben ein intensives Rot erhalten.

Henna
(Lawsonia inermis)

Henna ist wohl das bekannteste natürliche Mittel zum Färben von rotem Haar. Das Pulver aus den Blättern des Hennastrauches wurde bereits im alten Ägypten verwendet. Heute kommt Henna weit verbreitet in Asien und großen Teilen Afrikas zum Färben von Haar und Körper zum Einsatz. Hennapulver kann auf jedem Haar angewendet werden, der Farbton variiert allerdings je nach Grundfarbe des Haares.

100 gr. Hennapulver reichen für etwa schulterlanges Haar.

Je nach Haarlänge mehr oder weniger Pulver verwenden und mit handwarmem Wasser oder einem starken bereits abgekühlten Schwarztee zu einer nicht zu dünnen Paste anrühren. Da Henna die Haare austrocknen kann, sorgt ein untergerührtes Eigelb für Feuchtigkeit und verleiht dem Haar einen schönen Glanz. Außerdem kann der Paste ein Schuss Olivenöl zugesetzt werden.

Vor dem Färben die Haare waschen oder zumindest nass machen. Dann das angerührte Hennapulver Strähne für Strähne auftragen (Handschuhe verwenden!). Zum Schluss alles gründlich durchmassieren und einarbeiten. Anschließend das Haar mit einer Plastikfolie umwickeln und ein Handtuch aufsetzen. Wärme wirkt beim Färbeprozess förderlich, daher in die Sonne oder unter eine Trockenhaube setzen. Nach 2-4 Stunden, manche lassen das Pulver auch über Nacht einwirken, kann das Haar ausgewaschen werden. Die nochmalige Verwendung von Shampoo ist hierbei nicht unbedingt notwendig, kann aber dabei helfen, die kleinen Pulverkrümel leichter aus dem Haar zu lösen.

Hennapulver ist intensiv färbend. Daher Haut (vor allem am Haaransatz) und Kleidung schützen und nur alte Handtücher verwenden.

Mit Henna gefärbtes Haar glänzt intensiv, der Rot-Ton

kommt allerdings unterschiedlich je nach Grundfarbe des Haares zum Vorschein. Einzelne graue oder weiße Haare stechen leuchtend rot hervor. Beim Kauf von Henna darauf achten, reines Hennapulver zu erhalten. Oft sind dem Pulver andere, synthetische Haarfärbestoffe untergemischt.

Johanniskraut
(Hypericum perforatum)

1-2 Handvoll getrocknete Blätter je nach Haarlänge zerreiben und mit Wasser verrühren, so dass eine dicke Paste entsteht. Diese Paste ins Haar einbringen und mindestens eine halbe Stunde einwirken lassen. Anschließend mit warmem Wasser ausspülen.

Johanniskraut bringt die natürliche Farbe des Haares zum Glänzen und verleiht ihr einen Rotstich.

Johanniskraut kann selbst gesammelt oder getrocknet in der Apotheke gekauft werden.

<u>Rooibos</u>
(Aspalathus linearis)

Aus Rooibos (Rotbusch) einen sehr starken Tee, zumindest 3-5 Beutel auf einen halben Liter, zubereiten. Die Haare darin tränken und mindestens 1 Stunde einwirken lassen. Anschließend mit Wasser ausspülen.

Rooibos zaubert rote Reflexe ins Haar, ist allerdings nicht sehr lange anhaltend.

<u>Rote Beete</u>
(Beta vulgaris)

Je nach Haarlänge ein bis zwei Knollen Rote Beete kochen, pürieren und mit etwas Honig zu einer Paste vermischen. Auf das Haar aufbringen und mindestens 4 Stunden ein-wirken lassen.

Rote Beete bringt einen Rot-Ton in die Haare. Da Rote Beete intensiv färbt, achten Sie auf die Kleidung und ver-wenden Sie nur alte Handtücher.

<u>Rotkraut</u>
(Brassica oleracea)

Rotkraut kochen, passieren und ins Haar einbringen. Zumindest 1 Stunde einwirken lassen.

Rotkraut bringt rote oder leicht violette Reflexe ins Haar.

Allerdings hält der Farbton nicht lange an.

<u>Honig und Zimt</u>

Aus Honig und gemahlenem Zimt wird mit destilliertem oder abgekochtem Wasser eine Mischung hergestellt. Diese ins feuchte Haar einbringen und mindestens 30 Minuten einwirken lassen.

Diese Mischung färbt helle Haare rötlich.

BRAUN

Braun ist die Haarfarbe, die natürlicherweise in Europa am häufigsten vorkommt. Nicht alle Menschen allerdings sind mit ihrer natürlichen braunen Haarfarbe zufrieden. Oftmals wünschen sie sich eine leichte Veränderung der Färbung oder auch einen Schimmer in eine bestimmte Richtung. Die Natur hält einige Mittel für braunes Haar bereit.

Katam
(Buxus dioica)

Bei Katam handelt es sich um ein färbendes Pflanzenpulver aus dem Kraut einer orientalischen Pflanze. Die Pflanze enthält das farblose Glykosid Indican, eine Vorstufe des blau färbenden Farbstoffs Indigo. Katam kann pur oder in

Kombination mit anderen färbenden Mitteln verwendet werden. Bei purer Verwendung färbt es das Haar dunkelbraun.

Je nach Haarlänge Pulver mit handwarmem Wasser zu einer Paste anrühren. Einige Minuten ziehen lassen, eventuell noch einmal etwas Wasser nachgießen, falls die Paste zu fest geworden ist. Anschließend in das Haar einbringen. Etwa 2 Stunden (oder auch länger) einwirken lassen. Dabei das Haar mit einer Plastikfolie und einem Handtuch bedecken. Anschließend mit Wasser oder einem milden Shampoo auswaschen.

Da Katam auch Haut und Kleidung färbt, sollten Handschuhe getragen und nur alte Handtücher verwendet werden.

Katechu
(Senegalia catechu)

Beim färbenden Katechu handelt es sich um ein tanninhaltiges Harz, das aus der Rinde der Färber-Akazie gewonnen wird. Die Färber-Akazie ist ein Baum, der in Südostasien beheimatet ist.

Katechu kann als Pulver im Handel erworben werden. Je

nach Haarlänge die notwendige Menge Pulver mit handwarmem Wasser zu einer Paste anrühren. In die feuchten Haare einbringen und zumindest 2 Stunden einwirken lassen. Anschließend auswaschen.

Katechu färbt Haare braun.

Blutweiderich
(Lythrum salicaria)

Blutweiderich ist eine Pflanze, die schon in früheren Zeiten zum Färben von Stoffen verwendet wurde. Sie enthält das färbende Tannin.

Für eine Haarfärbung werden die getrockneten Blätter der Pflanze zerbröselt und zu Pulver zermahlen. Anschließend mit Wasser verrühren, bis eine Paste entsteht. Diese ins Haar einbringen und etwa eine halbe Stunde einwirken lassen. Anschließend mit warmem Wasser ausspülen.

Blutweiderich färbt helles Haar goldbraun.

Kartoffel
(Solanum tuberosum)

Eine Handvoll rohe Kartoffelschalen werden in ca. einem halben Liter Wasser ausgekocht. Das in der Kartoffelschale enthaltene Kupfer und Magnesium verfärbt das Wasser dabei bräunlich. Anschließend abseihen und etwas abkühlen lassen. Dann den Sud in die feuchten Haare einbringen und ohne Auswaschen trocknen lassen.
Kartoffelschalen verleihen Haaren einen dunkleren Ton.

Walnuss
(Juglans regia)

Verwendet werden die grünen Schalen unreifer Walnüsse. Sammeln Sie einige Schalen und schneiden Sie sie klein. Dabei sollten Handschuhe getragen werden, da die Schalen auch die Haut sehr stark färben. Die zerkleinerten Schalen in Wasser und einem Teelöffel Alkohol ansetzen und über Nacht ziehen lassen. Am nächsten Tag aufkochen und abseihen. Mit dem Absud wird das Haar eingerieben oder aus einer Sprühflasche besprüht. Je nach gewünschtem Ergebnis muss das Haar über mehrere Tage mit dem Absud behandelt werden.

Walnussabsud lässt braunes Haar intensiv glänzen und verleiht ihm einen schönen Schimmer.

Zwiebel
(Allium cepa)

Zum Färben der Haare wird aus gelben Zwiebelschalen ein starker Absud hergestellt. Dieser wird abgefiltert in eine Sprühflasche gefüllt. Das Haar immer wieder damit besprühen und ohne Auswaschen trocknen lassen, bis das gewünschte Ergebnis erreicht ist.

Mit Zwiebelabsud kann braunem Haar ein goldener Schimmer verliehen werden. Leider hält die Färbung nicht lange an und sollte daher nach jeder Haarwäsche wiederholt werden.

<u>Königskerze</u>
(Verbascum thapsiforme)

Sammeln Sie zwei Handvoll Königskerzenblüten bei trockenem Wetter oder verwenden Sie getrocknete Blüten aus der Apotheke. Übergießen Sie die Blüten mit kochendem Wasser und lassen Sie sie 20Minutenziehen, danach abseihen. Diesen in die Haare einbringen, einwirken lassen und mit Wasser ohne Shampoo ausspülen. Der Absud kann auch im Haar verbleiben.

Königskerze bringt einen goldenen Glanz in (hell)braune Haare.

<u>Sandelholz</u>
(Santalum album)

Das Holz des Sandelholzbaumes kann zum Haarefärben verwendet werden.

In Pulverform ist es im Handel erhältlich. Zum Färben je

nach Haarlänge die entsprechende Menge des Pulvers mit einem Spritzer Essig und handwarmem Wasser anrühren.

Diese Paste in die feuchten Haare einbringen und eine Zeit lang (mindestens 2 Stunden) einwirken lassen, anschließend ausspülen.

Durch Sandelholz erhält braunes Haar einen schönen Glanz.

Petersilie
(Petroselinum crispum)

Je nach Haarlänge ein bis zwei Esslöffel getrocknete Petersilie (glatte Petersilie verwenden) mit kochendem Wasser übergießen und ziehen lassen. Abseihen und ins feuchte Haar einbringen. 10-20 Minuten einwirken lassen, anschließend ausspülen.

Durch das in der Pflanze enthaltene ätherische Öl Apiol lässt die Petersilie dunkles Haar intensiv glänzen.

SCHWARZ

Weltweit betrachtet haben die meisten Menschen eine schwarze Haarfarbe. Dabei gibt es allerdings je nach geografischem Raum Unterschiede in der Häufigkeit und auch in der Intensität der Farbe Schwarz. Obwohl in Europa seit jeher hellere Haarfarben vorherrschten, gab es durch Wanderungsbewegungen einzelner Völker schon seit vielen Jahrtausenden an bestimmten Orten auch Menschen mit tiefschwarzer Haarfarbe, etwa auf den britischen Inseln.

Eine tiefschwarze Haarfarbe zu erreichen, ist mit Mitteln aus der Natur sehr schwierig. Wenn überhaupt, so ist dies nur für Menschen mit einer ohnehin sehr dunklen Ausgangshaarfarbe möglich.

<u>Indigo</u>
(Indigofera tinctoria)

Bei Indigo handelt es sich um ein färbendes Pulver aus den Blättern der Indigopflanze. Lange Zeit wurde es zum Blau färben von Stoffen verwendet, heute wird dafür beinahe ausschließlich synthetisch erzeugtes Indigo verwendet. Zum Haarefärben kommt das Pulver allerdings nach wie vor zum Einsatz. Es ist im Handel erhältlich.

Menschen mit einer bereits dunklen Ausgangshaarfarbe können das Indigopulver direkt verwenden. Bei Menschen mit einer hellen Ausgangshaarfarbe ist es ratsam, das Haar zunächst mit Henna vorzufärben. Indigo kann auch mit Henna vermischt verwendet werden. Das jeweilige Färbeergebnis hängt von der Ausgangshaarfarbe ab.

Je nach Haarlänge die entsprechende Menge Indigopulver mit handwarmem Wasser anrühren. 100 gr. Pulver reichen ca. für schulterlanges Haar. Anschließend die Paste ins Haar einbringen und für mindestens 1-2 Stunden einwirken lassen. Anschließend gut auswaschen, danach das Haar für etwa 3 Tage nicht waschen, damit sich die Farbe festigt.

Indigo ist stark färbend. Daher beim Färben Handschuhe anziehen, die Kleidung schützen und nur alte Handtücher verwenden.

Indigopulver kann dunkles Haar blauschwarz färben. Bei Indigo handelt es sich um eine dauerhafte Haarfärbung. Man muss also warten, bis die Farbe aus dem Haar herauswächst.

Bhringaraj
(Eclipta alba)

Bei Bhringaraj handelt es sich um ein Pflanzenpulver, das aus den getrockneten und gemahlenen Blättern der Bhringaraj-Pflanze gewonnen wird. Bhringaraj findet als Heilpflanze für verschiedene Beschwerden im Ayurveda Verwendung. Ihr wird auch ein stärkender Effekt auf das Haarwachstum nachgesagt, so dass die Pflanze Bestandteil vieler Haarpflegeprodukte ist. Allerdings hat das Pulver auch färbende Eigenschaften, vor allem, wenn man es lange einwirken lässt.

Bhringaraj-Pulver kann im Handel erworben werden.

Je nach Haarlänge die passende Menge an Pulver mit warmem Wasser zu einer Paste anrühren. Diese anschließend auf die Haar aufbringen und möglichst lange (zumindest 4 Stunden) einwirken lassen. Anschließend mit einem milden Shampoo auswaschen.

Da Bhringaraj-Pulver stark färbend ist, sollten Handschuhe getragen und nur alte Handtücher verwendet werden.

Bhringaraj-Pulver färbt das Haar dunkel, das Ergebnis variiert je nach Ausgangsfarbe des Haares.

<u>Eichengallen</u>

Bei Eichengallen handelt es sich um eine Pflanzengalle, die durch abgelegte, befruchtete Eier der Eichengallwespe entsteht. In ihr reift eine weibliche Larve heran. Um diese herum bildet die Eiche eine Wucherung, den Gallapfel. Der Gallapfel enthält zu etwa 60 % Gallusgerbsäure (Tannin), aus der in Verbindung mit Eisensalzen eine tiefdunkle Flüssigkeit, die sogenannte schwarze Tinte, entsteht.

Eichengallen findet man zumeist im Spätherbst an der Unterseite von Eichenblättern.

Zum Haarefärben schneidet man 1-2 Handvoll frische Eichengallen klein und übergießt diese mit kochendem

Wasser. Eine Zeit lang stehen lassen, dann abseihen. Den Absud noch warm in die Haare einbringen und einmassieren.

Der Eichengallenabsud färbt dunkle Haare schwarz.

Kaffeesatz

Rühren Sie aus einigen Löffeln Kaffeesatz und Wasser oder Haarspülung eine Mischung an. Diese ins feuchte Haar einbringen und ca. 30 Minuten einwirken lassen. Anschließend mit einem milden Shampoo auswaschen.

Kaffeesatz macht dunkle Haare dunkler. Es kann allerdings einige Anwendungen benötigen, ehe ein Ergebnis sichtbar wird.

<u>Süßholzwurzel</u>
(Liquiritiae radix)

Aus dem Extrakt der Süßholzwurzel wird Lakritz herge-stellt. Auch sie hat eine schwarze Farbe. Geraspelte Süß-holzwurzel erhält man in der Apotheke.

Zum Färben der Haare wird etwa ein Esslöffel geraspelte Süßholzwurzel in einem halben Liter Wasser zum Kochen gebracht. Abkühlen lassen, abseihen und dann in die Harre einbringen. Den Absud mindestens 30 Minuten einwirken lassen, anschließend ausspülen.

Der Absud aus der Süßholwurzel tönt dunkle Haare schwarz.

<u>Muskatellersalbei</u>
(Salvia sclarea)

Getrocknete Blätter und Triebspitzen des Muskatel-lersalbeis werden mit ko-chendem Wasser übergos-sen.

10 Minuten ziehen lassen, abseihen und etwas abkühlen lassen. Anschließend ins Haar einbringen. Der Sud kann ohne Auswaschen im Haar verbleiben.

Muskatellersalbei macht Haare dunkler und verleiht ihnen einen metallenen Glanz.

Heidelbeere
(Vaccinium myrtillus)

Zum Haarefärben setzt man Heidelbeerpulver mit einem Spritzer Essig in schwarzem Tee an. Je nach Mischungsverhältnis ergibt dies eine dickliche Paste oder eine dünnere Flüssigkeit. Das ganze etwa 10 Minuten ziehen lassen. Anschließend ins Haar einbringen und mindestens 30 Minuten einwirken lassen. Dann mit Wasser oder einem milden Shampoo auswaschen.

Heidelbeere verleiht schwarzem Haar einen silbrigen Glanz.

VIOLETT

Bei Violett handelt es sich, im Gegensatz zu den anderen Haarfarben, die hier vorgestellt werden, um eine Farbe, die natürlicherweise nicht vorkommt. Violett ist die einzige nicht natürliche Haarfarbe, die sich mit Mitteln aus der Natur erreichen lässt. Grün, Blau oder Orange können dagegen mit Mitteln aus der Natur nicht gefärbt werden.

Welcher Violett-Ton mit den hier vorgestellten Mitteln jeweils erreicht werden kann, hängt allerdings vom Ausgangsfarbton der Haare ab. Von knalligem Violett auf gebleichtem Haar bis hin zu einem lediglich violetten Schimmer ist alles möglich.

Katam
(Buxus dioica)

Bei Katam handelt es sich um ein färbendes Pflanzenpulver aus dem Kraut einer orientalischen Pflanze. Die Pflanze enthält das farblose Glykosid Indican, eine Vorstufe des blau färbenden Farbstoffs Indigo. Katam kann pur oder in Kombination mit anderen färbenden Mitteln verwendet werden. Bei Mischung des Pulvers mit Henna lassen sich violette Töne ins Haar bringen.

Je nach Haarlänge ausreichend Henna-Pulver mit einer kleinen Menge Katam-Pulver vermischen und mit handwarmem Wasser zu einer Paste anrühren. Einige Minuten ziehen lassen, eventuell noch einmal etwas Wasser nachgießen, falls die Paste zu fest geworden ist. Anschließend in das Haar einbringen. Etwa 2 Stunden (oder auch länger) einwirken lassen. Dabei das Haar mit einer Plastikfolie und einem Handtuch bedecken. Anschließend mit Wasser oder einem milden Shampoo auswaschen.

Da Henna, aber auch Katam Haut und Kleidung färben, sollten Handschuhe getragen und nur alte Handtücher verwendet werden.

Holunder
(Sambucus nigra)

Zupfen Sie je nach Haarlänge ein oder zwei Handvoll Holunderbeeren vom Baum. Diese werden in einem Sieb über heißem Dampf kurz gegart, damit sie weich werden. Mit einer Gabel zerdrücken und den Saft auffangen oder pürieren.

Anschließend den Saft bzw. das Mus vorsichtig in das feuchte Haar einbringen und einwirken lassen. Da die Mischung sehr flüssig ist, sollte das bestrichene Haar unter einer Plastikhaube fixiert und der Nacken abgedeckt werden. Da Holunder zudem noch stark färbt, sollten beim Färbevorgang Handschuhe getragen und die Kleidung geschützt werden. Verwenden Sie nur alte Handtücher. Nach ein bis zwei Stunden Einwirkzeit auswaschen.

Alternativ kann direktgepresster Holundersaft aus der Flasche verwendet werden. Diesen kurz erwärmen (nicht aufkochen) und anschließend ins Haar einbringen.

Holunder färbt violett, der Farbton variiert je nach Ausgangsfarbe des Haares.

GRAUES HAAR

Alle Menschen, die älter werden, sind früher oder später mit ergrauendem oder weiß werdendem Haar konfrontiert. Während dies einigen nichts ausmacht, versuchen andere, ihre natürliche Haarfarbe möglichst lange zu erhalten oder die grau werdenden Haare zu verdecken. Dies kann auch mit Mitteln aus der Natur geschehen.

Heilziest
(Stachys officinalis)

Der Heilziest oder die Echte Betonie ist eine Heilpflanze, die schon seit langer Zeit bei diversen Erkrankungen und

Beschwerden zum Einsatz kommt. Darüber hinaus liefert die Pflanze auch einen gelben Farbstoff, mit dem seit alters her auch Stoffe, besonders aus Wolle, gefärbt wurden.

Für eine Haarspülung wird aus der frischen Pflanze ein Auszug hergestellt. Dazu ein bis zwei Handvoll des frischen Krautes mit kochendem Wasser übergießen und einige Zeit ziehen lassen. Abseihen und in die Haare einbringen. Am besten an der Luft trocknen lassen.

Durch eine Heilziest-Spülung bekommt ergrautes Haar einen goldenen Schimmer.

<u>Melisse</u>
(Melissa)

Der Melisse wird nachgesagt, das Grauwerden der Haare zu verzögern. Dazu aus dem frischen oder getrockneten Kraut einen starken Absud herstellen. Diesen in die Haare einbringen und ohne Auswaschen trocknen lassen.

<u>Salbei</u>
(Salvia officinalis)

Aus dem frischen oder getrockneten Kraut einen starken Tee kochen und 30 Minuten ziehen lassen. Anschließend abseihen und ins Haar einbringen. Eine weitere halbe Stunde einwirken lassen, danach ohne Shampoo auswaschen oder auch ohne Auswaschen im Haar trocknen lassen.

Salbei deckt graue Haare ab.

<u>Rosmarin</u>
(Rosmarinus officinalis)

Aus frischem oder getrocknetem Rosmarinkraut einen starken Tee aufbrühen und 30 Minuten ziehen lassen. Dann abseihen und die Flüssigkeit ins Haare einbringen. Eine weitere halbe Stunde einwirken lassen, anschließend ohne Shampoo auswaschen oder auch im Haar trocknen lassen.

Rosmarin deckt graue Haare ab.

Kornblume
(Centaurea cyanus)

Eine Handvoll Kornblumen wird in einem halben Liter Wasser angesetzt. Aufkochen und mindestens eine halbe Stunde leicht köchelnd ziehen lassen. Anschließend den Absud in die haare einbringen und trocknen lassen.

Kornblumen zaubern einen bläulichen Schimmer in graue Haare.

WEITERFÜHRENDE LITERATUR

Faber, Stephanie, Das Rezeptbuch für Naturkosmetik, Heyne, München, 1974.

Faber, Stephanie, Schön und gesund, Heyne, München, 1984.

Haiden, Christine; Mundigler-Schumé, Beata, Naturkosmetik kräuterfrisch. Tips und Rezepte zum Selbermachen, Veritas, Linz, 1990.

Hammelmann, Iris, Das große Hausbuch der Naturkosmetik, Moewig, Rastatt, 1998.

Hirsch, Siegrid, Grünberger, Felix, Die Kräuter in meinem Garten, freya, Linz, 2014.

Kluge, Hannelore, Hildegard von Bingen – Schönheitspflege, NEFF, Moewig, Rastatt, 1999.

Lingen Verlag, Dr. Tolkiehn's großes Buch der Naturhautpflege, Lingen Verlag, Köln, 1987.

Stadtlaender, Chris, Schönheit aus Blüten und Früchten. Kosmetika zum Selbermachen, Gustav Lübbe, Berglsch Gladbach, 1979.

ÜBER DIE AUTORIN

Simone Philipp arbeitet als Kräuterexpertin und Autorin. Sie beschäftigt sich mit den medizinischen Wirkungen von Mitteln aus der Natur, aber auch mit deren kosmetischen Eigenschaften. Simone Philipp publiziert zu diesen Themen in Zeitschriften und Büchern. Sie betreibt auch die erfolgreiche Website

www.alternativmedizin-bei-allergien.com

auf der sie Informationen über alternativmedizinische Mittel und Behandlungsmethoden bei Allergieerkrankungen bereitstellt.

Haben Sie Erfahrungen oder Rückmeldungen zu den hier aufgelisteten Mitteln und Anwendungen?
Kennen Sie weitere Haarfärberezepte mit Zutaten aus der Natur?
Ich freue mich auf Ihre Nachrichten!

Ihre Simone Philipp

Kontaktmöglichkeit:
simone.philipp@tele2.at
alternativmedizinallergien@gmail.com